Søndagens epistel eller lektie i en funktionel (dynamisk) ækvivalent oversættelse.

*Et forsøg på en idiomatisk gengivelse af de græske tekster på dansk
med en kanonisk eksegese som fortolkningsplatform.*

Bind 1
1. tekstrække

(Bind 3 i en serie af bøger, hvor bind 1 og bind 2
Ny oversættelse af søndagens prædiketekst udgør de første
bind)

Oversat af Jørn Balle Larsen

Indholdsfortegnelse:

Forord:

"Det er planlagt, at serien skal fortsætte med epistelteksterne i bind 3 (1. tekstrække) og bind 4 (2. tekstrække)"

Sådan skrev jeg i forordet til oversættelserne af prædiketeksterne i folkekirkens alterbog, bind 2 – 2. tekstrække for et år siden.

Med udgivelsen af bind 3 – 1. tekstrække som egentlig er bind 1, da det er oversættelser af søndagens epistel eller lektie til 1. tekstrække, så er første del af denne planlagte udvidelse opfyldt.

Serien består nu af to bind: et orange bind (1. tekstrække) et grønt bind (2. tekstrække) med titlen: *Ny oversættelse af søndagens prædiketekst*, og et nyt 3. bind, der også er orange med titlen: *Ny oversættelse af søndagens epistel eller lektie.* (1. tekstrække)

Det er min hensigt, at serien fortsættes med epistlerne og de lektier, der findes på epistelens plads i alterbogen i et bind 4 (2. tekstrække) og at det skal udkomme efteråret 2021

Måske fortsættes der med to supplementsbind, bind 5 og bind 6, som skal indeholde oversættelser af de gammeltestamentlige gudstjenestetekster oversat fra den tidlige kirkes bibel LXX, Septuaginta, der ofte citeres i NT.

Uddrag af forordet til bind 1 – 1. tekstrække: Ny oversættelse af søndagens prædiketekst:

"Hvorfor oversætte noget, der allerede er oversat i den autoriserede danske oversættelse?

Lad mig besvare dette spørgsmål på følgende måde:
I kap. 1 i bogen "How to Choose A Translation For All Its Worth" under overskriften: "The Need for Translation" står der følgende:
"Many years ago a much-admired teacher of Greek stood before her first-year Greek class. With uncharacteristic vigor, she held up her Greek New Testament and said forcefully, "This is the New Testament; everything else is a translation."

I en vis forstand har denne lærer ret i, at alt andet end teksten i det græske testamente er en oversættelse og dermed også en fortolkning, tilføjer jeg.

Men selv det græske testamente findes i mindst to hovedgrupper. Den byzantinske teksttradition, som i det store hele hviler på *Textus Receptus*, som bl.a. danner grundlag for King James bibel, Luthers Bibel og stort set alle oversættelse frem til det 20. århundrede, og så i Nestle-Aland med et efterfølgende nr. Disse udgaver er gennemarbejdede videnskabelige udgaver med kritisk apparat.

I dag er vi kommet til **NA28**, som jeg har valgt at bruge. (NA28, Nestle-Aland: Novum Testamentum Graece. Edited by Barbara and Kurt Aland, Johannes Karavidopoulos, Carlo M. Mantini, Bruce M. Metzeger. Deutsche Bibelgesellschaft. Digital formidlet af Olive Tree).

Målet for enhver oversættelse, også en oversættelse af NT, må være at gengive tekstens mening og ikke tekstens form, alene af den grund, at der ikke findes to sprog, der har samme sproglige vendinger, grammatiske konstruktioner eller idiomer.

Derfor har jeg valgt, at mine oversættelser, mere skal være en funktionel ækvivalent oversættelse end en oversættelse, der er ordret. Jeg har med andre ord forsøgt mig med en idiomatisk gengivelse af teksterne på dansk.

"Alt andet end, teksten i det græske testamente, er en oversættelse", sagde den amerikanske græsk lærer, men derved er den også en fortolkning.

Derfor er det kun rimeligt, at oversætteren angiver, hvilken fortolkningsplatform, der er anvendt som baggrund for oversættelsen.

I min kirkelige hverdag opdagede jeg hurtigt, at den diakroniske, historiske-kritiske eksegese ikke var særligt bevendt i prædikearbejdet og i sjælesorgen, men det var en kanonisk tilgang til teksterne.

Det har ført til, at jeg i dag opfatter det Nye Testamente som en *"bus med 27 sæder – nogle er større end andre- men tilsammen er de, det køretøj, der har bragt kirken frem til i dag"*. Jeg har også i min kirkelige hverdag opdaget at de 27 sæder, hver for sig giver god mening i forskellige situationer, i samtaler, sjælesorg og i prædikener. De 27 sæder hører sammen, uden dem ingen bus, eller sagt på en anden måde, hvis vi ser på en buket af tulipaner af forskellig farve, 27 styk – ikke lige store – så tager de "farve og oplevelse" af hinanden, når vi ser på buketten.

Det har jeg selv gjort brug af i min kirkelige hverdag og meget tit hørt fra prædikestole rundt om i landet, selvom præsterne har og havde meget forskellige teologiske standpunkter.

Mine oversættelse er blevet til med en kanonisk eksegese som fortolkningsplatform."

Så vidt uddraget af forordet fra første bind, som jeg i øvrigt henviser til i sin helhed i bind 1: *Ny oversættelse af søndagens prædiketekster.*

Min oversættelse er med andre ord ikke tænkt som en moderne såkaldte mundret oversættelse, men som en oversættelse, der prøver at gengive de græske ords idiomer på en forhåbentlig forståelig måde, men så tro mod det oprindelige idiom, som det er muligt på dansk.

Ud over de titler, der er medtaget i boglisten, har jeg læst og har kendskab til en masse oversættelser af NT, idet jeg i adskillige år har haft og stadigvæk har den vane at læse en ny oversættelse af NT hvert eneste år.

Det har været danske, svenske, norske, engelske, amerikanske, tyske, enkelte på fransk og en enkel på spansk.

Det har givet mig en spændende diversitet i mulighederne for at oversætte de samme græske ord.

Hvis andre skulle have lyst til at oversætte NT-tekster, så vil det kun glæde mig.

Vi mangler i høj grad oversættelser på basis-dansk med tanke på dårlige læsere.

Oversættelser for børn, teenager osv. som for eksempel den nye EINSTEIGERBIBEL, Die Bibel, Übersetzung für Kinder, udgivet i år. 2019, af DEUTSCHE BIBEL GESELLSCHAFT.

Jeg indgår meget gerne i et samarbejde om sådanne udgivelser.

Til sidst vil jeg minde om, at alle oversættelser – også mine egne – kun er vejledende, og ingen af dem er faldet ned fra Himlen.

Tak til FUV i Løgumkloster for husly gennem årene og en stor tak til min hustru for støtte og hjælp til at komme så langt med min serie af oversættelser.

Taastrup, Remigius´ dag, den 1. oktober 2020

Jørn Balle Larsen

PS. Næsten alt jeg har læst og brugt til udarbejdelse af disse oversættelser er i digital form.

Forklaringer til tegn i oversættelserne:

/ : betyder, at du selv kan vælge, hvilket ord, du foretrækker, når du bruger oversættelserne. Når der kun er / så foretrækker jeg den sidste mulighed.

( ): Ordet eller ordene er ikke i teksten, men giver god mening i en oversættelse eller for forståelsen.

[ ]: Angiver en forklaring, både af sprogligt eller almen karakter.

[1]: Fodnoter. Hvis der er nogen, findes den efter hver tekst.

Χριστός, *kristos,* navneord, ental, hankøn og det oversætter idiomatisk med **den Salvede**. Læseren er velkommen til at oversætte det med Messias, det hebraiske ord, der betyder det samme. Trad. oversættes det ikke, men gengives blot med ordet *Kristus,* som om der er tale om et navn.

Epistlerne og lektierne til 1. tekstrække:

1. søndag i advent: Rom 13,11-14

11: I kender den tid, (vi lever i) og at det er på tide til at stå op af slumren[1], for vor frelser er nærmere end, da vi blev troende.

12: Natten er næsten slut og dagen ved at bryde frem, så lad os aflægge mørkets gerninger og iklæde os lysets rustning,

13: og lad os leve ordentlig, som om vi lever i dagslys[2]. Vilde parties, drukkenskab, umoralsk sex, uanstændighed, rivalisering og misundelse kan ikke være en del af vort liv.

14: Men iklæd jer Herren Jesus, den Salvede[3] og glem at tilfredsstille jeres korrupte naturs ønsker.

[1] At stå op af slummeren indikerer, at Paulus tænker på en moralsk ændring af den måde livet leves på.

[2] Det dagslys er det lys, der er, når Jesus kommer igen.

[3] Jesus er en klædning vi alle behøver, se Gal.3,27. Et billede på dåben.

2. søndag i advent: Rom 15,4-7

4: Alt, hvad der er skrevet før, er skrevet for vor lærings skyld, at vi ved tålmodighed og skrifternes[1] trøst, kan blive ved med at håbe.

5: Måtte Gud, som giver tålmodighed og trøst[2], få jer til harmonisk at tænke det samme og følge Jesu, den Salvedes eksempel,

6: så I med én samlet stemme kan blive ved med at prise/ære Herren, Jesu, den Salvedes Gud og Fader.

7: Derfor accepter hinanden, som den Salvede accepterede jer, så I kan prise/ære Gud [Ordret står der: til Guds pris/ære]

[1] Skrifterne er for Paulus Det gamle Testamente i den græske udgave, Septuaginta, LXX.

[2] Gud, som skrifternes ophav, er den, der giver tålmodighed og trøst.

3. søndag i advent: 1. Kor 4, 1-5

1. Man skal opfatte os[1], som den Salvedes medhjælpere[2] og som forvaltere[3] af Guds hemmeligheder.

2. Og det er nødvendigt, at forvaltere er troværdige.

3: Det betyder meget lidt for mig, om jeg bliver bedømt af jer [menigheden i Korinth] eller af en almindelig [menneskelig] domstol, og jeg bedømmer end ikke mig selv.

4: For jeg er ikke bevidst om noget forkert, men det betyder ikke, at jeg er frikendt, for det er Herren, der krydsforhører og dømmer mig.

5: Bedøm derfor ingen, før Herren kommer, for han vil kaste lys over mørkets skjulte ting og afsløre folks motiver [egentligt: Hjertets planer]. Da vil enhver får sin ros af Gud.

[1] Med os mener Paulus sig selv, Apollo og Kefas, jfr. sammenhængen i de første tre kapitler og i al almindelighed alle forkyndere.

[2] ὑπηρέτας, *hyperetas,* akkusativ, flertal af ὑπηρέτας, *hyperetas.* Etymologisk betyder ordet oprindeligt en underrorkarl i en galej. Her betyder det en, der går til hånde under myndig ledelse: en medhjælper eller ansat.

[3] οἰκονόμους, *oikonomous,* akkusativ, flertal af οἰκονόμος, *oikonomos.* En slave, der er udset af sin herre til at forvalte herrens ejendom, bl.a. sørge for at de andre slaver får deres "løn" og mad til tiden.

4. søndag i advent: Fil 4,4-7

4: Vær glade i Herren. Jeg vil sige det igen: Vær glade.

5: Lad alle vide, hvor hensynsfulde I er [egentligt: jeres hensynsfuldhed]. Herren er nær.

6: Vær ikke bekymrede[1], men lad Gud i alle ting vide – med tak, hvad I har brug for i bøn og i ønsker,

7: og Guds fred, som overgår al det, vi forstår, vil bevare jeres hjerter og jeres sind i den Salvede, Jesus.

[1] Formaner den fængslede Paulus.

Juledag: Heb 1,1-5

1: Tidligere har Gud talt til vore forfædre på mange forskellige tidspunkter og på mange forskellige måder gennem/ved profeterne[1].

2: Til sidst, i disse dage, har (Gud) talt til os gennem/ved (Sin) Søn, som (Han) har gjort til arving af alt og ved hvem (Gud) har skabt universet.

3: (Sønnen) er Guds herligheds glans og (har) fuldstændig lighed med det, Gud er. Han [Sønnen] holder alt sammen med sit magtfulde ord. Da Han havde tilgivet fejltagelserne, satte Han sig til højre for Majestæten i det højeste [Gud].

4: Sønnen er større end englene ligesom hans navn overgår deres.

5: For til hvem af englene har (Gud) sagt: *"Du er min Søn, i dag har jeg født dig[2]"*, og videre: *"Jeg vil være hans Fader og han skal være min Søn"*.

[1] Versene 1-3 kan betragtes som et proemium, dvs. et forord til hele brevet. I vers 1 begynder 5 ord ud af 13 i alt på græsk med π, p. Disse bogstavrim er umulige at gengive på dansk.

[2] Kan også oversættes således: *"Min Søn er du, i dag har jeg avlet dig"*.

Anden juledag: Apg 6,8-14; 7,54-60

6,8-14

8: Stefan, som var fuld af venlighed og kunnen, blev ved med at gøre[1] mægtige undere og tegn blandt folket.

9: Nogle fra[2] den synagoge, der kaldes de frigivnes og fra Kyrene og Alexandria og nogle fra Kilikien og Asien startede en diskussion med Stefan.

10: De var dog ikke i stand til at klare sig imod den visdom og ånd, som (Stefan) talte med.

11: Derfor bestak de mænd til at sige/lyve: "Vi har hørt ham tale blasfemisk mod Moses og Gud".

12: Og de hidsede folket, de ældste og eksperterne i moseloven op, og de nærmede sig (Stefan) og greb ham og slæbte ham for Rådet/Synedriet.

13: De præsenterede vidner, som løj, da de sagde: " Denne mand ophører ikke med at tale imod dette hellige sted og loven,

14: for vi har hørt ham sige, at denne Jesus fra Nazareth vil ødelægge dette sted [templet] og ændre de skikke, som Moses har givet os.

[1] ἐποίει, *epoiei,* imperfektum aktiv, 3. person ental af ποιέω, *poieo, at gøre.* Imperfektum betyder, at det er noget han blev ved med at gøre.

[2] τινες τῶν ἐκ …..καὶ τῶν ἀπò, *nogle fra …. og fra,* indikerer, at der er tale om to grupper, der starter en diskussion med Stefan.

[3] Λιβερτίνων, *libertinon,* flertal i genitiv af Λιβερτῖνος, *libertinos,* på latin libertinus, eren frigiven slave eller søn af en frigiven slave.

[Efter Stefans lange tale fra7,2 til7,53 kommer så det næste afsnit i dagen lektie]

7,54-60

54: Da de hørte dette, fik de ondt i deres hjerter[1] og de skar tænder af Stefan.

55: Fuld af Helligånden stirrede (Stefan) mod himlen og han så Guds herlighed og Jesus, som stod ved Guds højre side.

56: Da sagde han: " Se! Jeg skuer, at himlene er blevet åbnet og Menneskesønnen, som står ved Guds højre side".

57: Da råbte de (alle) med høj røst og holdt sig for ørerne og for alle som en ind på ham,

58: og slæbte ham ud af byen og begyndte at kaste sten på ham. Vidnerne [til denne henrettelse] lagde deres kapper/overtøj ved fødderne af en ung mand, der hed Saul.

59: Mens Stefan blev stenet, bad han: "Herre, Jesus, tag imod min ånd".

60: Da knælede han ned og råbte med høj røst: "Herre, hold dem ikke ansvarlige for denne fejltagelse" og da han havde sagt dette, døde han.

[1] Egentlig står der deres hjerter blev skåret i to.

Julesøndag: Gal 4,4-7

4: I rette tid sendte Gud sin Søn, født af en kvinde og underlagt moseloven,

5: for at løskøbe dem, der var underlagt moseloven, så vi kunne blive adopteret som (Guds) børn.

6: Fordi I er børn, har Gud sendt sin Søns ånd i vores hjerter, (hvor den) råber: "Abba, kære Far".

7: Derfor er I ikke længere slaver, men (Guds) børn, og da I er børn, er I også Guds arvinger.

Nytårsdag: Gal 3,23-29

23: Før troen kom, blev vi holdt i fængsel[1] af moseloven indtil den ventede tro blev afsløret.

24: På den måde var moseloven vor pædagog [2] indtil den salvede kom, så vi ved troen kunne blive accepteret (af Gud)

25: Men nu da troen er kommet, er vi ikke længere under pædagogen,

26: for I er alle Guds børn ved troen på den salvede, Jesus.

27: For alle af jer, som er døbt til den salvede, har iklædt jer den salvede.

28: Og der er ikke (forskel på) jøder eller ikke-jøder, slave eller fri, mandligt eller kvindeligt, for alle er I én i den salvede, Jesus.

29: Men hvis I tilhører den salvede, så er I også Abrahams efterkommere og arvinger, i overensstemmelse med Guds løfte.

[1] ἐφρουρούμεθα ⌐συγκλειόμενοι, *efrouroumetha sugkleiomenoi.* Det først ord er verbet i sætningen og betyder: vi blev holdt fanget og det andet ord er et passivt participium i flertal, der betyder: holdt indesluttet (som fisk) i et net. Derfor oversætter jeg begge ord på en gang: blev vi holdt i fængsel.

[2] παιδαγωγὸς, *paidagôgos*: tutor, pædagog, vogter. Ordet findes også i 1 Kor 4,15. Pædagogen var den slave, i de bedre familier, der vogtede sønnerne og bragte dem til skolen. Tanken er den, at Jesus er vor lærer og loven var den pædagog, der vogtede over os indtil vi kom hen til læreren. Men nu er vi hos læreren og pædagogen og for dens sags skyld alle andre vogter og vejledere er afskedet. Se v 25.

Helligtrekongers søndag: Tit 3,4-7

4: Da Guds, vor frelsers, godhed og venlighed mod mennesker viste sig,

5: frelste han os, ikke på grund af noget, vi havde gjort for at vinde hans accept, men på grund af hans medlidenhed med os. (Han frelste os) gennem badet [dåben], der regenererede og fornyede os ved Helligånden,

6: som han så rigeligt har givet os ved Jesus, den salvede, vor frelser,

7: for at vi, ved en gave, skulle få Guds accept og blive arvinger med håbet om et evigt liv.

1. søndag efter helligtrekonger: Rom 12,1-5

1: Venner ved det, Gud føler for jer[1], beder jeg jer: Stil jeres liv til rådighed for (Gud), som et levende og helligt offer, der behager Gud. Det er den fornuftigste/den logiske måde for jer at tjene (Gud).

2: og tilpas jer ikke denne tid, men brug jeres forstand på en fornyet måde og lad jer forvandle[2], så I kan vurdere, hvad der er Guds vilje: Om det er godt, om det er passende eller om det er perfekt.

3: Ved den gave, som Gud har givet mig, siger jeg til hver enkel af jer: Tro ikke mere på jer selv end I bør, men tænk forstandigt: enhver efter det mål af tro, som Gud har tildelt jer.

4: For det er ligesom med vor krop, der har mange dele, men de mange dele har ikke samme funktion

5: På samme måde er vi, mange, en krop i den Salvede, men hver især forskellige og dog forbunden til hinanden.

¹ Egentlig står der: διὰ τῶν οἰκτιρμῶν τοῦ θεοῦ, *dia tån oiktimån tou Theou.* Ordret betyder det ved Guds medfølelse.

² μεταμορφοῦσθε, *metamorphousthe,* 2. person flertal, imperativ, passiv af μεταμορφόω, *metamorphoå,* at blive forvandlet. Dette samme ord, der bruges på forklarelsens bjerg om Jesus i Matt, 17,2 se Sidste søndag efter Helligtrekonger (Bind 1 – 1. tekstrække – Ny oversættelse af søndagens prædiketekst ved mig)

2. søndag efter helligtrekonger: Rom 12, [6-8] 9-16a

6: [Vi har forskellige gaver, alt efter (hvad Gud i sin) nåde har givet os; hvis én (har) profetisk gave, brug den, så den passer¹ med troen/ er analog¹ med troen.

7: Den, der har tjenestens gave, skal tjene; den, der har lærerens gave, skal undervise.

8: Den, der har trøstens gave, skal trøste; den, der deler gaver ud, skal gøre det uden bagtanker; den, der kan lede, skal lede med entusiasme; den, der hjælper mennesker i nød, skal gøre det med glæde.]

9: Kærligheden skal være uden hykleri. Had det onde og hold fast i det gode.

10: Vær venlige mod hinanden med broder- og søstrekærlighed/som en kærlig familie². Overgå hinanden med gensidig respekt.

11: Vær ikke dovne i jeres iver, vær brændende i ånden, og vær slaver for Herren.

12: Vær glade i håbet og tålmodige under vanskeligheder. Vær udholdende i bønnen.

13: Hjælp de troende, når de er i nød, og vær gæstfrie.

14: Velsign de, der forfølger jer. Velsign og forband ikke.

15: Vær glade med de glade og græd med de grædende.

16a: Vær i harmoni med hinanden. Vær ikke arrogante, men vær venlig mod de ydmyge.

[1] ἀναλογίαν, *analogian*, navnord, hunkøn i akkusativ af ἀναλογία og betyder analogt, kompatibel, i overensstemmelse eller passer med. Ordet findes kun her i NT.

[2] φιλαδελφίᾳ, *philadelphia*, er den kærlighed eller hengivenhed, som findes imellem brødre og søstre. Dvs. i enhver kærlig familie.

3. søndag efter helligtrekonger: Rom 12,16b – 21

16b: Vær ikke klogere, end I er[1].

17: Gengæld ikke ondt med ondt. Fokuser på det, som er godt i alles øjne.

18: Lev, så meget som det er muligt, i fred med alle mennesker.

19: Hævn ikke jer selv, men giv plads til (Guds) vrede, som der står skrevet: *"Hævnen er min, jeg vil gengælde"*, siger Herren [frit efter 5. Mosebog 32,35]

20: Men hvis din fjende er sulten, så giv ham noget at spise, hvis han er tørstig, så give ham noget at drikke. Hvis du gør dette, så vil du få ham til at føle skyld og skam [Ordsprogenes Bog 25,21-22][2]

21: Lad ikke det onde vinde over dig, men vind over det onde med det gode.

[1] Egentlig står der på græsk: παρ' ἑαυτοῖς, *par' eautois*, som betyder ved siden af jer selv. Dvs. indbildske (vise). Derfor oversætter jeg: klogere end I er.

[2] *"Da samler du glødende kul på hans hoved"* står der på græsk i LXX, Septuaginta, på dette sted i Ordsprogenes bog, men en idiomatisk oversættelse til dansk må være, som angivet ovenfor.

4. søndag efter helligtrekonger: Rom 13,8 – 10

8: Skyld ikke nogen noget ud over det at elske hinanden. For den, der elsker en anden har opfyldt moseloven.

9: Hvori der står: *"Bryd ikke ægteskabet, slå ikke ihjel, stjæl ikke og begær ikke"* Disse og alle andre bud er sammenfattet med disse ord: "Elsk din næste som dig selv".

10: Den, der elsker, gør ikke næsten ondt. At elske opfylder moseloven.

5. søndag efter helligtrekonger: Kol 3,12 – 17

12: Som hellige, udvalgte og elsket af Gud, skal I tilsvarende være[1]: medfølende, gode, ydmyge, venlige og tålmodige.

13: Vær venlig mod hinanden og tilgiv hinanden, hvis en har noget at klage over hos den anden. Tilgiv, ligesom Herren har tilgivet jer.

14: Over alt dette er kærligheden. Den er det bånd, som fuldkommen binder alt sammen,

15: og lad den salvedes fred, som I er kaldet ind i som én krop, styre jeres hjerter og vær taknemmelige.

16: Lad den salvedes ord med al dets rige visdom leve i jer. Brug salmer, hymner og åndelige sange til at undervise og instruere hinanden om (Guds) gave og syng for Gud i jeres hjerter.

17: Alt, hvad I siger og gør, skal ske i Herrens navn og I skal takke Gud, Fader, gennem Ham.

[1] Ἐνδύσασθε, *endusasthe,* aorist imperativ 2. person af ἐνδύω, *enduo,* som betyder at tage tøj på. I sammenhængen betyder at være et nyt menneske. Derfor oversætter jeg, som jeg gør.

Sidste søndag efter helligtrekonger: 2. Pet 1,16 – 18

16: Da vi fortalte jer om Herren, Jesu, den salvedes, magt og komme, var det ikke baseret på udspekulerede myter, men vi var øjenvidner til Hans majestæt,

17: for eksempel, da (Han) modtog ære og herlighed fra Gud, Fader, lød der en røst over (Ham) fra den største herlighed: " Dette er min elskede Søn, som bringer mig stor glæde".

18: og denne røst har vi hørt lyde fra himmelen, da vi var sammen med Ham på det hellige bjerg.

Søndag septuagesima: 1. Kor 9,24 – 27

24: Ved I ikke, at alle, der deltager i en løbekonkurrence, løber for at vinde; men kun én vinder prisen/medaljen. Løb som dem, så I kan vinde.

25: Enhver, der deltager i atletikkonkurrencer, har selvkontrol[1] med alle ting. De for at vinde en forgængelig laurbærkrans, men vi for at vinde en uforgængelig (krans)

26: Så jeg løber – ikke uden mål. Jeg bokser – ikke som om jeg skyggebokser.

27: Tværtimod så styrker jeg min krop med slag og gør den til min slave, for at jeg, der har prædiket for andre, ikke selv skal blive forkastet.

[1] ἐγκρατεύεται, *egkrateuetai,* 3. person ental, nutid af ἐγκρατεύομαι, *egkrateuomai,* der betyder at udøve selvkontrol. Det er et yderst sjældent ord. Det findes kun her og i 1 Kor 7,9 og et sted hos Aristoteles og i en sen kristen inskription.

Søndag seksagesima: 1. Kor 1,18 – 21 [22 – 25]

18: Ordet om korset er for dem, der bliver tilintetgjort, nonsens, men for os der bliver frelst/reddet, er det Guds kraft.

19: For der står skrevet: "Jeg vil tilintetgøre de vises visdom og de kloges klogskab vil jeg forkaste".

20: Hvor er den vise, hvor er den lovkyndige, hvor er denne tids debattør[1]? Har Gud ikke erklæret verdens visdom for nonsens?

21: Skønt Guds visdom var at se, så har verden ved hjælp af sin egen visdom ikke erkendt Gud, så derfor har det behaget Gud at frelse/redde de, der tror, ved hjælp af forkyndelsens nonsens.

[*22:* Jøderne kræver tegn, grækerne søger visdom,

23: men vi forkynder den salvede, som korsfæstet, for jøder en fornærmelse og for ikke-jøder nonsens.

24: For de jøder og grækere, der er kaldet, er den salvede Guds kraft og visdom.

25: For Guds nonsens er visere end menneskernes visdom og Guds svaghed er stærkere end menneskernes styrke.]

[1] συζητητής, *suzætætæs*, betyder *debattør eller filosof*. Ordet findes kun her i NT og så hos Ignatius, der citerer dette sted hos Paulus.

Fastelavns søndag: 1. Pet 3,18 – 22

18: Fordi den salvede led en gang for alle på grund af fejltagelser (mod Gud); én med den rette relation til Gud[1] for dem med en forkert relation[1]. Som menneske blev han dræbt, men han blev levendegjort ved Ånden.

19: Ved hvilken [Ånden] han drog til ånderne i fængsel og prædikede (for dem).

20: De, som en gang var ulydige, mens Gud ventede tålmodigt på Noahs tid, da Noah byggede arken. I den blev nogle få – otte i alt – reddet ved vand.

21: Det er et billede på dåben, som nu frelser jer, ikke ved at rense kroppen for snavs, men ved en bøn til Gud om en god samvittighed, ved Jesu, den salvedes opstandelse.

22: Han, som, efter han er draget til himlen, sidder på den fornemste plads hos Gud. Engle, leder og magter er blevet underlagt Ham.

[1] δίκαιος, *dikaios, retfærdig*. Betyder her en med den rette relation til Gud. ἀδίκων, *adikån*, genitiv, handkøn i flertal af ἄδικος, *adikos*. Det modsatte af retfærdig. Her dem med en forkert relation til Gud.

1. søndag i fasten: 2 Kor 6,1-2 [3-10]

1: Som [Guds] medarbejdere opfordrer vi jer til ikke at modtage Guds gave uden resultat[1].

2: Han [Gud] siger [Es 49,8]: " I rette tid hørte jeg dig og på frelsens dag hjalp jeg dig".

[3: Vi vil ikke give anledning til, at nogen skulle finde fejl i (vor) tjeneste.

4. Tværtimod, i alt vil vi vise, at vi er Guds tjenere, med stor udholdenhed, under lidelse, nød og angst.

5. Under hug og slag, i fængsel, under opstande, under hårdt arbejde, under søvnløshed og sult,

6. I renhed, i forståelse, i tålmodighed, i godhed, i Helligånden og med oprigtig kærlighed.',

7. Med sande ord, med Guds kraft, med retfærdighedens våben i både højre og venstre hånd.

8: Under ære og vanære, med dårligt ry og med godt ry, som vranglærere og som sande lærere.

9: Som ukendte og som kendte, som dødende og som I kan se, levende, som mishandlede men ikke endnu døde.

10: som bedrøvede, skønt vi er glade, som tiggere, berigende mange, som ikke at have noget som helst, mens vi har alt*]*.

[1] εἰς κενόν, *eis kenon,* ordret betyder det: *til tomt.* Derfor oversætter jeg *uden resultat.*

2. søndag i fasten: 1 Thess 4,1-7

1: Og nu brødre og søstre/venner ligesom I har lært af os, hvordan I bør leve for at behage Gud og som I allerede gør, beder og formaner vi jer til at blive bedre til det.

2: I kender jo de instrukser, vi gav jer fra Herren Jesus.

3: For det er Guds vilje: at I helliggøres, at I holder jer fra utugt.

4: Enhver af jer skal vide at finde jeres egen ægtefælle på hellig og ærefuld måde,

5: ikke på lystfuld måde, ligesom folk, der ikke kender Gud.

6: Ingen skal gå for langt og udnytte en anden troende. Herren straffer alt dette, som vi har fortalt og advaret jer i mod.

7: Gud kaldte os ikke til urenhed, men til hellighed.

3. søndag i fasten: Ef 5, [1-5] 6-4

[1: Efterlign Gud, I, som er hans elskede børn

2: og lev i kærlighed, som den salvede elskede os og gav sig selv som et offer, et velduftende offer til Gud.

3: Lad ikke hor og urenhed af en hver slags eller grådighed blive nævnt iblandt jer, som det passer sig for de troende.

4: Ej heller passer sig uanstændighed[1] og fjollet tale eller vulgære vittigheder. Tak i stedet (Gud).

5: For I ved besked med, at ingen, der horer, eller er uren eller er grådig – dvs. en, der tilbeder rigdom – skal få del i den salvedes og Guds rige.*]*

6: Lad ingen bedrage jer med meningsløse ord, for det er på grund af den slags, at Guds vrede kommer over dem, der ikke adlyder Ham[2].

7: Vær ikke partnere med dem.

8: I var en gang mørke, men nu er I lys i Herren, så lev som lysets børn.

9: For lysets frugt er alt, hvad der er godhed, retfærdighed og sandhed.

[1] αἰσχρότης, *aischrotæs,* navneord i ental nominativ. Findes kun her i hele NT.

² ἐπὶ τοὺς υἱοὺς τῆς ἀπειθείας, *epi tous yious tæs apeitheias,* hvilket egentlig betyder: over ulydighedens sønner/børn, men idiomet i ordene er som jeg har oversat dem.

Midfaste søndag: 2 Kor 9, 6-11

6: Husk dette: Den, der sår småt, høster småt; den, der sår gavmildt med begge hænder, høster i overflod.

7: Enhver skal give med hjertet, ikke med smerte eller af nød. For Gud holder af en glad giver.

8: Gud er i stand til¹ at give gaver i overflod, for når I har alt, I har brug for, så kan I gøre godt i overflod.

9: Som der står skrevet: [Sal 112,9]: *Han såede med begge hænder, gav til de fattige og hans retfærdighed varer til evig tid*.

10: Han [Gud], som giver såkorn til bonden og brød at spise, vil give jer såkorn og mangfoldiggøre det, og Han vil lade det, I gør, som behager Ham, vokse.

11: Han [Gud] vil gøre jer rige nok i alt, så I kan være gavmilde [egentligt står der: til gavmildhed], og det vil frembringe taknemlighed til Gud gennem os.

¹ δυνατεῖ, *dynatei,* 3. person ental af δυνατέω, *dynateå,* et verbum dannet af ordet *dynatos, kunnen.* Brugen af dette verbum findes kun her og i 13,3 og Rom 14,4, så det kan meget vel kaldes et paulinsk ord.

Mariæ bebudelsesdag: 1 Joh 1, 1-3

1. Det, som var fra begyndelsen. Det har vi hørt. Det har vi set med vore øjne. Det, som vi har betragtet og rørt ved med vore hænder: livets ord

2: Selve livet er blevet gjort synlig (for os), og vi har set det og vidnet om det og forkyndt det for jer: det evige liv, som var hos Faderen og som er blevet gjort synlig for os.

3: Hvad vi har set og hørt. Det har vi forkyndt for jer, for at I kan have fællesskab med os. Vores fællesskab er med Faderen og med Hans Søn, Jesus den salvede.

Palmesøndag: Fil 2, 5-11

5: Hav den samme attitude, som den salvede, Jesus, havde.

6: Han, som var Gud af skikkelse, anså det ikke som en fordel[1] at være som Gud,

7: tværtimod, så tømte Han sig selv ved at tage skikkelse af en slave, ved at blive som mennesker og have en fremtræden som et menneske.

8: Han ydmygede sig selv og blev lydig til døden – ja døden på et kors.

9: Derfor har Gud ophøjet ham over alt og givet ham navnet over alle navne,

10: for i Jesu navn skal alle knæle ned, i himlen, på jorden og under jorden,

11: og enhver tunge skal bekende til Gud Faders ære, at Jesus, den salvede, er Herren.

---

[1] ἁρπαγμὸν, *arpagmon,* navneord, akkusativ hankøn af ἁρπαγμός, *arpagmos,* der betyder noget, man holder fast i eller griber fast om. Hvad dette noget er er underforstået. Det kan være en fordel, en sejrskrans eller et bytte. Traditionelt er det ofte blevet oversat med et bytte/rov. Hvis man foretrækker en traditionel oversættelse, vil jeg foreslå: *Han, som var Gud af skikkelse, holdt ikke fast i at være som Gud, som en tyv i sit bytte.*

Skærtorsdag: 1 Kor 10, 15-17

15: Jeg taler til forstandige mennesker. Bedøm selv det, jeg siger.

16: Velsignelsens bæger, som vi udtaler en velsignelse over, giver det ikke andel i den salvedes blod og brødet vi bryder, giver det ikke andel i den salvedes legeme?

17: Fordi der kun er ét brød, er vi, skønt mange, én enhed[1], for vi får alle del i det ene brød.

[1] σῶμα, *såma,* navneord i ental, intetkøn. Det betyder et legeme, en krop, men bør her oversættes med *enhed,* da kirken/menigheden ofte sammenlignes med den menneskelig krop, for at understrege dens essentielle enhed med den meget vigtige diversitet af kunnen i enheden.

Langfredag: Alterbogen har ingen epistel til denne dag; kun GT-læsninger at vælge imellem.

Påskedag: 1 Kor 5, 7-8

7: Smid den gamle surdej[1] ud, for at I kan være en frisk klump (dej) og være som brød uden hævemidler.

8: Så lad os ikke holde fest med gammel surdej, ikke med ondskabens og umoralens surdej, men med renhedens og sandhedens brød – brød uden hævemidler.

[1] ζύμην, *zumæn,* navneord, akkusativ, ental, hunkøn af ζύμη, *zumæ,* surdej eller gær. Ordet bruges her som et billede på det, der syrliggører og fordærver korinthernes væremåde. Derfor oversætter jeg, som jeg gør, i dette og det næste vers.

Anden påskedag: ApG 10, 34-41

34: Da sagde Peter: "I sandhed fatter jeg nu, at Gud ikke foretrækker nogen frem for andre,

35: men at enhver, der ærer Ham og handler ret, tager Han imod, uanset folkeslag.

36: Ordet, som Han sendte Israels folk, da Han forkyndte fred gennem Jesus, den salvede, som er alles Herre.

37: I ved, hvad der skete i hele Judæa. Det begyndte i Galilæa efter Johannes havde kaldt til dåb.

38: Jesus fra Nazareth, som Gud salvede med Helligånden og kraft. Hvor han kom, gjorde han godt og helbredte alle, som Djævelen havde i sin magt, for Gud var med ham.

39: Og vi her bevidner alt, hvad han gjorde i jødernes land og i Jerusalem. De hængte ham op på en træstamme og slog ham ihjel.

40: Men Gud oprejste ham på den tredje dag og lod ham se

41: ikke af hele folket men af vidner, som Han havde udvalgt på forhånd. Vi er dem, der har spist og drukket sammen med ham, efter han er opstået fra de døde.

1. søndag efter påske: 1 Joh 5, 1-5

1: Enhver, som tror, at Jesus er den salvede, er født[1] af Gud og enhver, som elsker faderen[2], elsker også den, som er født[3] af ham.

2: Når vi elsker Gud og følger hans instruktioner, så ved vi, at vi elsker hans børn,

3: for det er kærlighed til Gud, at vi følger hans instruktioner og hans instruktioner er ikke vanskelige,

4: for enhver, som er født[4] af Gud, besejrer verden og det, som besejrer verden, er vor tro.

5: Hvem kan besejre verden? Er det ikke den, som tror, at Jesus er Guds Søn?

[1] γεγέννηται, *gegennætai,* perfektum passiv indikativ, 3 person ental af γεννάω, *gennaå, at avle.* I passiv betyder det at blive født. Derfor oversætter jeg: *er født af Gud.*

[2] Samme ord som i note 1, men denne gang aorist participium i akkusativ, hankøn i ental. Her betyder det: *den der er blevet fader- dvs. faderen.*

[3] Samme ord som i note 1, men denne gang perfektum, participium, passiv i akkusativ, hankøn ental. Her betyder igen: *er født.*

[4] Fuldstændigt som i note 3.

Eller

ApG 2,22-28

22: Israelitter! Hør dette: "Jesus fra Nazareth, en mand, som Gud akkrediterede for jer ved kraftfulde gerninger, undere og tegn, som Gud udførte blandt jer ved ham, som I selv ved.

23: - denne mand, som ved Guds beslutning og forhåndsviden blev udleveret, har I korsfæstet og henrettet ved dem, der ikke anerkender moseloven [romerne].

24: Men ham har Gud opvakt og befriet for dødens smerte, for det var ikke meningen, at han skulle fastholdes af døden.

25: For om ham [Jesus] siger David: [Sl 16,8-11][1] *Jeg ser altid Herren foran mig. Han står ved min højre side, for at jeg ikke skal vakle.*

26: Derfor er mit hjerte glad og min tunge jubler, og min krop vil hvile i håbet,

27: at du ikke vil lade mig blive i graven [egentligt står der på græsk: Hades, dødsriget] og ikke lade din Hellige se forrådnelse.

28: Du har vist mig livets veje. Du vil fylde mig med glæde foran dit ansigt.

[1] Sl 16,8-11 er i stor udstrækning citeret efter LXX/ Septuaginta, den græske oversættelse af GT.

2. søndag efter påske: 1 Pet 2, 20-25

20: Hvilken ros fortjener I, hvis I udholder at blive slået, når I har handlet forkert, men hvis I udholder lidelse for at gøre noget godt, så er Gud tilfreds med jer [egentligt: er det en nåde/gave fra Gud].

21: Til det kaldte (Gud) jer, fordi den salvede led for jer. Han efterlod jer et eksempel, så I kan følge i hans fodspor.

22: Han gjorde ikke noget forkert og der var intet usandt ord i hans mund.

23: Når en eller anden fornærmede ham, gjorde han ikke gengæld. Når han led, truede han ikke, men overlod det til ham [Gud], der dømmer retfærdigt.

24: Han bar vore fejltagelser mod Gud i sin krop op på et træ, for at fejltagelserne skulle dø og vi leve med Guds accept. Hans sår helbredte jer.

25: For I var som vildfarne får, men nu er I kommet til jeres livs hyrde og vogter.

Eller ApG 2,36-41

36: Lad hele Israels folk uden tvivl vide, at Gud har gjort Jesus, som I korsfæstede, til både Herre og den salvede.

37: Da de hørte dette blev de ramt i hjertet og sagde til Peter og de andre apostle: "Hvad skal vi gøre, Brødre?".

38: "Omvend jer", svarede Peter, "og lad jer døbe i Jesu, den salvedes navn, så jeres fejltagelser kan blive tilgivet og I vil modtage Helligånden som en gave.

39: For løftet gælder jer og jeres børn og alle, som er langt væk, så mange, som Gud, vor Herre, kalder".

40: Med mange flere ord bevidnede og formanede (Peter) dem: "Red jer selv fra denne korrupte slægt".

41: De, som accepterede det, han sagde, blev døbt og på denne dag blev (tilhængerne) øget med 3000.

3. søndag efter påske: Hebr 13, 12-16

12: Derfor har Jesus lidt (døden) udenfor byporten, så han kunne sætte folket til side, som hellige for Gud, med sit blod.

13: Lad os derfor gå ud til Ham udenfor lejren og bære hans forhånelser,

14: for vi har ikke nogen blivende by, men søger den kommende (by).

15: Lad os altid gennem Ham [Jesus] frembære et lovprisningsoffer til Gud: det er læbernes frygt, som bekender Hans navn.

16: Glem ikke at gøre godt og del med andre, for sådanne ofre behager Gud.

[1] ἁγιάσῃ,*agiasæ,* aorist, 3 person ental, konjunktiv, aktiv af ἁγιάζω, *agiazå,* helliggøre i betydningen; at sætte til side som hellige for Gud.

Eller ApG 4,7-12

7: De stillede dem [Peter og Johannes] i midten[1] og forhørte dem: ” Ved hvilken magt eller i hvis navn gjorde I det?”

8: ”Folkets ledere og ældste”, svarede Peter fyldt af Helligånden,

9: ”I krydsforhører os i dag om det gode, der skete med en handicappet (i går); om hvordan han blev helbredt.

10: I og hele Israels folk skal vide, at det er ved Jesu, den salvedes, nazaræerens navn – ham I korsfæstede og som Gud oprejste fra de døde – at vedkommende står foran jer sund og rask.

11: Han er den sten, som I bygningsarbejdere smed væk. Den sten er blevet hovedhjørnestenen,

12: og der er hos ingen anden: frelse, og ej heller er der noget sted givet menneskene et andet navn, som kan frelse os.

[1] ἐν τῷ μέσῳ, *en tå meså,* i midten. Det jødiske råd sad i en halvcirkel, når det mødtes.

Bededag: Hebr 8,10-12

10: ”Dette er det løfte[1], som jeg vil fastsætte for Israels folk efter disse dage”, siger Herren, ”Jeg vil lægge min lære ind i dem og jeg vil skrive den i deres hjerter, og jeg vil være deres Gud og de vil være mit folk.

11: Ingen skal undervise sin landsmand eller sin bror ved at sige:" Lær Herren at kende", for alle vil kende mig fra den mindste til den største blandt dem,

12: fordi jeg vil tilgive dem deres ondskab og jeg vil ikke mere huske deres fejltagelser".

[1] διαθήκη, *diathækæ*, trad. Oversat som pagt/aftale, men da der er tale om en forbindelse knyttet mellem Gud og mennesker – en forbindelse, som hviler på Guds løfte, så oversætter jeg med løfte.

4. søndag efter påske: Jak 1, 17-21

17: Enhver god foræring[1] og enhver fuldkommen gave[2] er ovenfra, kommer ned fra lysenes fader, hos hvem der ikke er forandring eller varierende mørke.

18: I kraft af sin beslutning har han født os ved sit sandhedsord, for at vi skulle være førstefødte af al skabning.

19: Dette ved I, mine elskede venner, at enhver skal være hurtigt til at lytte og langsom til at tale og blive vred.

20: For en vred person udretter ikke det, som Gud vil.

21: Så hold op med alle umoralske og onde ting, som I gør. Modtag i ydmyghed ordet som er plantet i jer og som er i stand til at redde jer.

[1] δόσις, *dosis*, navneord, nominativ, hunkøn, ental. Betyder selv handlingen at give mere en selv gaven, Derfor oversætter jeg med *foræring*.

[2] δώρημα, *dåræma*, navneord, nominativ, intetkøn, ental. Betyder resultatet af handlingen: at give – nemlig gaven.

Eller ApG 9,1-18

1: Saulus, som stadigvæk truede[1] med at dræbe Herrens elever/lærlinge/praktikanter, gik til præsternes chef,

2: og bad ham om en skrivelse til Damaskus synagoger, så han kunne fængsle enhver, han fandt, mand eller kvinde, som fulgte *vejen*[1], og føre dem til Jerusalem.

3: Da han på rejsen nærmede sig Damaskus, omstrålede et lys fra himlen ham,

4: og han faldt til jorden og hørte en stemme sige: "Saul, Saul, hvorfor forfølger du mig?".

5: og han [Saulus] spurgte: "Hvem er du herre[3]", og stemmen svarede: "Jeg er Jesus, som du forfølger,

6: men stå op og gå ind i byen og det vil blive dig fortalt, hvad du skal gøre."

7: Mændene, som han rejste med, stod der – tavse. De hørte stemmen, men så ingen.

8: Saulus blev hjulpet op, og da han åbnede sine øjne, kunne han ikke se, og de tog ham i hånden og ledte ham ind i Damaskus,

9: og i tre dage kunne han ikke se, og han hverken spiste eller drak.

10: I Damaskus var en elev/lærling/praktikant ved navn Ananias og til ham sagde Herren i et syn: "Ananias". "Ja, Herre", svarede han.

11: "Stå op og gå til Judas´ hus i den gade, der kaldes den lige og spørg efter Saulus fra Tarsus, for han er ved at bede,

12: og i et syn har han set en mand ved navn Ananias komme og lægge hænderne på ham, så han kan se igen."

13: "Herre", svarede Ananias, "Jeg har hørt om den mand fra mange om, hvad han har gjort mod en del troende i Jerusalem

14: og at han har fuldmagt fra præsternes chefer til at arrestere alle, som påkalder dit navn".

15: "Gå", svarede Herren ham, "Jeg har udvalgt ham [egentlig står der: han er mit udvalgte redskab] til at bringe mit navn til folkeslag, til konger og til Israels folk.

16: Jeg vil vise ham, hvor meget han må lide på grund af mit navn".

17: Ananias gik og kom ind i huset [Judas´ hus] og da han havde lagt sine hænder på ham, sagde han: " Saulus, ven, Herren – Jesus som viste sig for dig på vejen hertil – har sendt mig, for at du skal se igen og blive fyldt med Helligånden"

18: og straks faldt der noget ligesom fiskeskæl fra hans øjne og han kunne se igen og han stod op og blev døbt.

[1] ἐμπνέων, *empneån,* nutid, participium, nominativ, hankøn, ental af ἐμπνέω, *empneå,* at indånde. Så egentlig står der at Saulus, *som indånder trussel og mord.*

[2] ὁδοῦ, *hodou,* navneord i nominativ, hunkøn, ental, af ὁδός, *hodos,* vejen. Bruges her om den kristne levevis og forståelse.

[3] κύριε, *kyrie, herre.* Her skal det oversættes med lille h, som det engelske Sir og ikke med Lord: Herre med stort, da det blot er en høflig tiltale her.

5. søndag efter påske: Jak 1, 22-25

22: Gør, hvad ordet [Guds ord] siger[1] og ikke blot lytte til det, ellers bedrager I jer selv.

23: Hvis en lytter til ordet og ikke handler efter det, så ligner vedkommende en, der betragter sit ansigt i et spejl,

24: betragter sig selv, går væk, og straks har glemt, hvordan vedkommende så ud.

25: Men den, der fordyber sig i frihedens perfekte lov[2] og som holder sig til den, er ikke en glemsom, der blot hører (ordet), men en, der handler efter det. Den person, der gør det, vil blive velsignet (af Gud).

[1] Egentlig står der: *"Ordets gører"* og lidt senere *"dets hører"*. *"Gører og hører"*, hører ikke hjemme i idiomatisk oversættelse. Derfor oversætter jeg, som jeg gør både i dette vers og det følgende.

[2] Af sammenhængen mener *Jakob* uden tvivl evangeliet.

Eller ApG 6,1-4

1: På det tidspunkt, da antallet af elever/lærlinge/praktikanter voksede, opstod der utilfredshed blandt de græsktalende (medlemmer) mod de hebraisktalende over, at deres enker blev overset ved den daglige maduddeling.

2: Da kaldte de 12 hele flokken af elever/lærlinge/praktikanter sammen og sagde: "Det er ikke godt, at vi forsømmer (forkyndelsen af) Guds ord for at gøre tjeneste ved bordene.

3: Så vælg, venner, syv voksne, som er kendt blandt jer som åndfulde og vise. Dem vil vi overdrage ansvaret for det nødvendige,

4: så vi selv kan koncentrere os om bønnen og ordets tjeneste",

Kristi Himmelfartsdag: ApG 1,1-11

1: I min første beretning, Theofilus, fortalte jeg om alt det, som Jesus gjorde og lærte fra begyndelsen af,

2: og indtil den dag, han blev opløftet, efter han ved Helligånden havde instrueret sine apostle; som han selv havde udvalgt.

3: For dem viste han sig, efter sin lidelse/sin død, med mange beviser på, at han var levende. I 40 dage lod han sig se af dem og talte med dem om Guds rige,

4: og da han spiste sammen med dem, pålagde han dem: " Forlad ikke Jerusalem, men vent der på det Faderen har lovet og som I har hørt af mig,

5: Johannes døbte med vand, men om ikke mange dage skal I døbes med Helligånd",

6: Så da de kom sammen, spurgte de ham: "Herre er det nu, du genopretter Israels rige"?

7: "Det er ikke for jer", svarede han, "at kende tid eller time, som Faderen med sin autoritet har fastsat,

8: men I vil modtage kraft, når Helligånden kommer til jer og I vil blive mine vidner i Jerusalem og i hele Judæa og Samaria, ja helt til verdens ende".

9: Da han havde sagt dette, blev han løftet op, mens de så på, og en sky skjulte ham, så de ikke længere kunne se ham [egentlig: skjult for deres øjne].

10: Som de stirrede mod himlen, da han forsvandt, står der pludselig to mænd i hvide klæder nær dem,

11: og de spurgte: " Galilæiske mænd, hvorfor stå I og stirre mod himlen? Jesus, som er løfte op fra jer, vil komme tilbage på samme måde, som I så ham forsvinde til himmels".

6. søndag efter påske: 1. Pet 4, 7b-11

7b: Bevar selvkontrol og vær ædru, så I kan bede.

8: Frem for alt, elsk hinanden med oprigtig kærlighed, for kærlighed skjuler mange fejltagelser [Ordsprogenes bog 10,12]

9: Modtag hinanden som gæster uden brok.

10: Enhver af jer må som en god manager forvalte den gave, Gud har givet jer, til gavn for andre:

11: Den, der taler, skal tale Guds ord. Den, der tjener, skal tjene med den styrke, Gud giver, så Gud altid æres, gennem Jesus, den salvede. Hans er æren og magten i al evighed. Amen.

Eller ApG 1,12-14

12: De vendte tilbage til Jerusalem fra bjerget, som kaldes Olivenlunden[1]. Det er tæt på Jerusalem, en sabbats vej [ca. en km],

13: og da de kom ind (i byen] gik de op til det førstesalsrum, som de opholdt sig i – Peter, Johannes, Jakob, Andreas, Philip, Thomas, Bartholomæus, Matthæus, Jakob Alfæus´ søn, Simon Zeloten/ frihedskæmper og Judas Simons søn.

14: Alle som en var de samlet i bøn sammen med nogle kvinder, Maria Jesu mor og hans brødre.

---

[1] ὄρους τοῦ καλουμένου Ἐλαιῶνος, *orous tou kaloumenou Elaiånos, bjerget som kaldes Olivenlund eller -have.* Ἐλαιῶνος, *Elaiånos,* navneord, hankøn, ental i genitiv af ἐλαιών, *elaiån,* og det betyder olivenhave eller olivenlund. Det eneste sted i NT at dette udtryk bruges som navnet for dette bjerg. Ellers hedder det τὸ ὄρος ⌜τὸ καλούμενον Ἐλαιῶν, *to oros to kloumenon Elaiån.* Ἐλαιῶν, *Elaiån,* navneord, hunkøn i flertal genitiv af ἐλαία, *elaia,* der betyder oliventræ.

Pinsedag: ApG 2,1-11

1: Da pinsedagen kom, var de alle samlet på et sted,

2: og pludselig lød der fra himlen et drøn, som et voldsom vindstød og det fyldte hele huset, hvor de var.

3: Tunger af ild viste sig for dem og fordelte sig på hver af dem,

4: og alle blev de fyldt af Helligånden og begyndte at tale på fremmede sprog [egentligt: tunger], alt efter hvad Ånden gjorde dem i stand til at tale.

5: I Jerusalem boede der fromme/gudfrygtige jøder fra alle lande [egentligt: alle lande under himlen]

6: Da de hørte drønet, samledes de i stor flok og blev forvirrede, da de hver især hørte deres eget sprog [egentligt: dialekt], da eleverne/lærlingene/praktikanterne talte til dem.

7: Forbavset og overrasket spurgte de: " Hvad er det. Er ikke alle, de som taler, galilæere?

8: Hvordan kan vi så, hver især hører dem tale på vort eget modersmål [egentligt: vor egen dialekt, som er er født med]

9: Vi, partere, medere og elamittere, vi der bor i Mesopotamien, Judæa. Kappadokien, Pontus, provinsen Asien,

10: Frygien, Pamfylien, Egypten og Kyrene i Libyen, vi, der kommer fra Rom,

11: jøder og proselytter, vi kretere og arabere, høre dem tale på vort eget sprog [egentligt: tale med vor egne tunger] om de mægtige ting, Gud har gjort".

Anden pinsedag: ApG 10,42-48a

42: "Han [Jesus] pålagde os at forkynde og bevidne, at (Jesus) er den, der er udpeget af Gud til at dømme levende og døde.

43: Om Ham vidner alle profeterne, at alle og enhver, som tror på Ham [egentligt: på hans navn] får tilgivelse for (deres) fejltagelser mod Gud".

44: Mens Peter stadig talte, kom/faldt Helligånden over alle, som hørte ordet/talen.

45: De troende jøder [egentligt: omskårne], som var kommet sammen med Peter, blev overrasket over, at ikke-jøder havde modtaget Helligåndens gave.

46: For de hørte dem tale på fremmede sprog og prise Gud. Da spurgte Peter:

47: "Hvem vil hindre dem i at blive døbt med vand, når de har modtaget Helligånden ligesom os"?

48a: og han befalede dem, at blive døbt i Jesu navn.

Trinitatis søndag: Rom 11,32-36

32: Gud har fanget[1] dem alle i ulydighedens net, så han kan benåde dem.

33: Guds rigdom, visdom og forståelse er så dyb, at det er umuligt at forklare hans beslutninger og forstå hans handlemåder [egentligt står der: hans veje].

34: Hvem har haft indsigt i Herrens tanker eller hver har været hans rådgiver/spindoktor? [Citat fra Es 40,13, citeret efter LXX, Septuaginta]

35: Hvem har givet[2] Ham noget først, som Han skulle betale tilbage?
[Muligvis et citat fra Job 41,11, men i så fald ikke fra LXX men oversat af Paulus selv]

36: Alt er fra Ham og ved Ham og for Ham. Æren er hans i evighed. Amen.

[1] συνέκλεισεν, *sunekleisen,* aorist aktiv indikativ af συγκλείω, *sugkleiå,* der betyder fanget i et net, der er strammet sammen. Man skal nærmest forestille sig et trawl, der er ved af lande om bord på en kutter.

[2] προέδωκεν, *proedoken, aorist aktiv indikativ, 3. person ental af* προδίδωμι, *prodidomi,* der betyder at give først. Et gammelt udsagnsord, der kun findes her i NT.

1. søndag efter trinitatis: 1 Joh 4,16b-21

16b: Gud er kærlighed, og de, som lever i Guds kærlighed, lever i Gud og Gud lever i dem.

17: På den måde har kærligheden nået sit mål med os, at vi har frihed på dommens dag til at tale, for ligesom den eneste Ene [Jesus] lever, således lever vi også, skønt vi (er) i verden.

18: Frygt findes ikke, hvor kærligheden er, tværtimod jager den fuldkomne kærlighed frygten ud, for frygt har med straf at gøre og de, der frygter, lever ikke i fuldkommen kærlighed.

19: Vi elsker, fordi Han [Gud] har elsket os først.

20: Hvis en siger: "Jeg elsker Gud", og hader en anden troende, så er vedkommende en løgner.

21: Dette bud har vi fået af ham [Jesus]: Den, som Gud elsker, må også elske andre troende.

2. søndag efter trinitatis: 1 Joh 3,13-18

13: Venner bliv ikke overraskede, hvis verden hader jer.

14: Vi ved, at vi er gået over fra døden til livet, fordi vi elsker andre troende. De, der ikke elsker forbliver i døden.

15: Enhver, som hader en anden troende, er en morder og vi ved, at en morder ikke har evigt liv i sig.

16: Vi lærer kærligheden at kende, fordi den eneste Ene [Jesus] gav sit liv for os, derfor bør vi også give vort liv for andre troende.

17: Hvis nogen har rigeligt af verdens goder og ser en anden troende lide nød, og lukker sit hjerte[1] for den anden, hvordan kan Guds kærlighed forbliver i denne person?

18: Kære børn, lad os ikke kun elske ved ord og tale, men ved handlinger og i sandhed.

[1] τὰ σπλάγχνα, *ta splagchna*, navneord i akkusativ, neutrum af σπλάγχνον, *splagchnon* og betyder det indre – indvolde, mave og tarme. I LXX og NT et almindeligt ord for det sted, hvor følelserne har sæde i et menneske. I denne sammenhæng må det være *hjertet*.

3. søndag efter trinitatis: 1 Pet 5,6-11

6: Ydmyg jer under Guds vældige magt[1], så vil Han berømme jer når tiden er inde.

7: Kast alle jeres bekymringer over på Ham, fordi Han tager sig af jer.

8: Vær ædruelige og på vagt. Jeres modstander, djævelen lusker rundt som en brølende løve og søger efter nogen han kan sluge.

9: Modstå ham, faste i troen, vel vidende, at andre troende verden over gennemgår de samme lidelser.

10: Al nådens Gud, som har kaldet jer til evige ære ved den salvede, Han vil genoprette, støtte, styrke og befæste jer.

11: Ham tilhører magten i evighed. Amen

[1] χεῖρα, *xeira*, navneord i ental, hunkøn i akkusativ af χείρ, *xeir*, som betyder hånd eller del, der af. Her brugt som et idiom på magt.

4. søndag efter trinitatis: Rom 8,18-23

18: Jeg anser ikke tidens lidelser for noget i sammenligning med den kommende herlighed, der vil blive afsløret som vores en gang.

19: Hele skabelsen venter ivrigt på, at Gud afslører, hvem, der er Hans børn.

20: For skabelsen er underlagt frustration, ikke af egen vilje, men af Ham som underlagde den, med håb

21: om, at skabelsen vil blive befriet fra forfaldets slaveri og få del i den herlige frihed, som Guds børn vil få.

22: Vi ved, at hele skabelsen stadig stønner og vrider sig som i fødselsveer.

23: Og ikke kun skabelsen stønner, også vi har det på samme måde. Vi, der har modtaget Ånden som et forskud. Vi stønner i os selv. Da vi venter med iver, at [Gud] endegyldigt antager os, som sine børn og forløser os [egentligt står der: forløsningen af vore kroppe]

5. søndag efter trinitatis: 1 Pet 3,8-9 [10-15a]

8: Til sidst: Lev alle i harmoni, vis medfølelse, elsk hinanden, hav medlidenhed og vær ydmyge.

9: Lad være med at give igen, ondt mod ondt, fornærmelse mod fornærmelse, tværtimod velsign dem, for I er kaldet til en velsignelse.

[10: Den, der vil elske livet og se gode dage, skal styre tungen (fra at tale ondt) og læberne fra at tale svigefuldt.

11: Lad ham vende sig[1] fra det onde og gøre det gode.

12: For Herrens øjne er på det, han bifalder. Hans ører (hører) deres bøn. Herrens ansigt er vendt mod dem, der gør ondt.

13: Hvem kan gøre jer ondt, hvis (I er) ildsjæle [egentligt: zeloter] for at gøre det gode.

14: Men selv hvis I lider på grund af det, (Gud) bifalder, er I velsignede. Vær ikke bange for dem og lad jer ikke skræmme,

15a: men helliggør Herren, den salvede i jeres hjerter]

[1] ἐκκλινάτω, *ekklinato,* aurist imperative 3. Person ental af ἐκκλίνω, *ekklino,* lad ham vende. I LXX, septuaginta, er verbet i 2. person ental. Det er gammelt ord, der kun findes i NT her og i Rom 13,12 og 16,17. Versene 10-12 er et citat af Sl 34,13-17.

6. søndag efter trinitatis: Rom 6,3-11

3: Er I uvidende om, at vi, som er blevet døbt til den salvede, Jesus, også er blevet døbt til hans død.

4: Vi er altså gennem dåben til døden begravet sammen med ham, for at vi, ligesom den salvede blev oprejst fra de døde ved Faderens herlighed/magt, skal leve en nyt liv.

5: Hvis vi er vokset sammen[1] (med ham) i en død, der ligner hans, skal vi også vokse sammen (med ham), når vi kommer tilbage til livet, som han gjorde.

6: Vi ved, at vort gamle menneske er korsfæstet sammen (med ham), for at fejltagelserne mod Gud[2] i kroppen skal høre op, så vi ikke længere skal være slaver for fejltagelser mod Gud[2].

7: For den, der er død, er fri for fejltagelser mod Gud[2].

8: Hvis vi er døde med den salvede, tror vi, at vi også skal leve med ham.

9: Vi ved, at den salvede, som blev oprejst fra døde, ikke længere skal dø. Døden har ikke længere magt over ham.

10: For da han døde, døde han en gang for alle fra det at gøre fejltagelser mod Gud[2]. Men nu lever han og han lever for Gud.

11: Således skal I også betragte jer selv som døde fra det at gøre fejltagelser mod Gud[2] og levende for Gud i den salvede, Jesus.

[1] σύμφυτοι, *sumphutoi,* er et gammelt verbaladjektiv i flertal hankøn. Det betyder: *vokset sammen, sammenvokset.* Det kunne også oversættes med *forenet eller lignende.*

[2] ἁμαρτία, *hamartia,* eller former heraf gengives normalt på dansk med ordet *synd,* men da ordets idiom betyder: *enhver handling, der er i modsætning til Guds vilje*, så oversætter jeg med: *fejltagelse mod Gud.*

7. søndag efter trinitatis: Rom 6,19-23

19: Jeg taler på almindelig menneskevis på grund af jeres korrupte natur. For ligesom I stillede alle dele af jeres krop til rådighed som slaver for seksuel perversion og for ulydighed, (førte det til et liv) i ulydighed, således skal I nu stille alle dele af jeres krop til rådighed som slaver for det, Gud bifalder, (det fører til et liv) i hellighed.

20: For da I var slaver for fejltagelserne mod Gud, var I frie (for at gøre det) som Gud bifalder.

21: Hvad fik i ud af det? Det, I nu skammer jer over, for det ender med døden.

22: Nu da I er blevet befriet fra fejltagelserne mod Gud og er blevet Guds slaver, er resultatet: Et helligt liv og til sidst det evige liv.

23: For betalingen for fejltagelserne mod Gud er døden, men Guds nådige gave er evigt liv i den salvede, Jesus.

8. søndag efter trinitatis: Rom 8,14-17

14: For alle, som bliver guidet af Guds ånd, er Guds børn.

15: I har ikke modtaget slaveriets ånd (som fører jer) ind i frygt igen, men I har modtaget adoptionens ånd, i hvilken vi råber: "Abba, far!"

16: Ånden selv vidner sammen med vor ånd, at vi er Guds børn.

17: Hvis vi er børn, er vi også arvinger, Guds arvinger og den salvedes medarvinger, for hvis vi lider sammen (med Ham), så skal vi også herliggøres sammen (med Ham).

9. søndag efter trinitatis: 1 Joh 1,5-2,2

5: Dette er den meddelelse/besked, som vi har hørt fra Ham [Jesus] og som vi har videregivet til jer: "Gud er lys og der er slet intet mørke i ham".

6: Hvis vi siger, at vi har fællesskab med Ham og lever i mørket, så lyver vi og er ikke sandfærdige.

7: Men hvis vi lever i lyset, ligesom Han [Gud] er i lyset, så har vi fællesskab med hinanden og Jesus Hans [Guds] søns blod renser os for alle fejltagelserne mod Gud.

8: Hvis vi siger, at vi ikke fejler overfor Gud, bedrager vi os selv, og der er ingen sandhed i os.

9: Hvis vi står ved vore fejltagelser mod Gud, så tilgiver Han, som er trofast og retfærdig, os alle fejltagelserne mod Ham og renser os fra enhver svaghed.

10: Men hvis vi siger, at vi aldrig har fejlet overfor Ham, så gør vi Ham [Gud] til en løgner og så har vi ikke forstået Hans ord [egentlig står der: hans ord bliver ikke i os]

2,1: Mine kære børn, dette skriver jeg til jer, for at I ikke skal fejle, men hvis en eller anden fejler, så har vi en fortaler og hjælper[1] hos Faderen, Jesus, den salvede, som er accepteret af Gud.

2,2: Og Hans lidelse og død er betalingen for vore fejltagelser mod Gud, ja ikke blot vore, men også hele verdens (fejltagelser mod Gud).

10. søndag efter trinitatis: 1 Kor 12,1-7 [8-11]

1: Når det drejer sig om åndelige gaver, venner, så vil jeg, at I ikke skal misforstå noget.

2: I ved, at dengang I var ikke-troende, blev I draget hen til stumme gudefigurer.

3: Derfor skal I også vide, at ingen, som taler i overensstemmelse med Guds Ånd, kan sige: "Jesus er forbandet", og heller ingen kan sige: "Herren er Jesus", hvis ikke det er i kraft af Helligånden.

4: Der er forskellige åndelige gaver, men Ånden er den samme,

5: og der er forskellige måder at tjene på, men det er den samme Herre (der tjenes).

6: Der er forskellige typer af arbejde[1], men det er den samme Gud, der virker alt i alle.

7: Men hos hver eneste manifesterer Ånden sig til gavn for alle.

[8: Den ene får af Ånden et ord om visdom, en anden et ord om kundskab/viden af den samme Ånd.

9: En anden tro af samme Ånd. Til en anden giver den samme Ånd evnen til at helbrede.

10: En anden at udføre undere, en anden at profetere. En anden at kunne skelne de forskellige ånder. En anden til at tale andre sprog og atter en til at oversætte andre sprog.

11: Men alt dette udvirker en og samme Ånd, som efter sin vilje uddeler sine gaver til hver og en.*]*

[1] ἐνεργημάτων, *energematon,* navneord I flertal genitiv af ἐνέργημα, *energema.* Jeg har valgt at oversætte ordet: typer af arbejde, fordi ordet kommer af et udsagnsord, der betyder at arbejde, forme eller sætte alle sine kræfter ind på noget. I øvrigt findes ordet i denne form kun her i NT.

11. søndag efter trinitatis: 1 Kor 15,1-10a

1: Jeg minder jer, venner, om evangeliet, som jeg har forkyndt for jer og som I har modtaget, og som I stadigvæk holder fast [egentligt: står på],

2: og det er på grund af det, at I bliver frelst, hvis I holder fast ved de ord, jeg forkyndte, medmindre det var forgæves, I kom til tro.

3: Jeg meddelte jer det allervigtigst, som jeg selv har modtaget, det, at den salvede døde for vore fejltagelser mod Gud i overensstemmelse med skrifterne,

4: blev begravet og på den tredje dag blev Han opvakt fra de døde i overensstemmelse med skrifterne,

5: og at Han viste sig for Kefas og dernæst for de 12.

6: Dernæst viste Han sig for 500 troende på en gang. De fleste af dem er stadig i live, mens nogle er døde.

7: Dernæst viste Han sig for Jakob og alle apostlene.

8: Og sidst af alt viste Han sig for mig, som er et for tidligt født foster.

9: For jeg er den ringeste af apostlene. Jeg er ikke værdig at kaldes apostel, fordi jeg har forfulgt Guds menighed/forsamling.

10a: Men ved Guds godhed er jeg, den jeg er, og Hans godhed mod mig har ikke været forgæves.

12. søndag efter trinitatis: 2 Kor 3,4-9

4: En sådan tillid har vi til Gud gennem den salvede,

5: for vi er ikke af os selv i stand til at udregne noget som helst, nej vor kunnen kommer fra Gud.

6: Han, som også har sat os i stand til at være tjenere for et ny løfte[1], ikke bogstavernes, men Åndens, for bogstaverne dræber, mens Ånden giver liv.

7: Hvis den tjeneste, der bragte død, skrevet på stentavler, kom med en sådan herlighed, at Israels folk ikke kunne stirre på Moses på grund af hans ansigts herlighed, en herlighed, der blegnede (med tiden),

8: hvor meget større herlighed vil så ikke den tjeneste, der bringer Ånden have?

9: Hvis fordømmelsens tjeneste har herlighed, så meget mere overvældende har tjenesten, som bringer Guds anerkendelse/accept,

[1] διαθήκης, *diathækæs*, trad. Oversat som pagt/aftale, men da der er tale om en forbindelse knyttet mellem Gud og mennesker – en forbindelse, som hviler på Guds løfte, så oversætter jeg med løfte.

13. søndag efter trinitatis: Gal 2,16-21

16: Vi ved, at folk ikke bliver accepteret[1] af Gud ved at overholde[2] loven, men gennem tro på Jesus, den salvede, så også vi tror på den salvede, Jesus, for at blive accepteret[1] af Gud ved tro på den salvede og ikke ved at overholde[2] loven, for ved overholdelse[2] af loven bliver ingen accepteret[1] af Gud.

17: Hvis vi, ved at søge accept hos Gud i den salvede, bliver anset for at være nogen, der er fejler overfor Gud[3], er den salvede da fejltagelsernes[3] tjener. Det er utænkeligt!

18: Hvis jeg genopbygger det, jeg har revet ned, så er jeg en forbryder,

19: for ved loven døde jeg fra loven, for at leve for Gud. Jeg er blevet korsfæstet sammen med den salvede.

20: Jeg lever ikke mere, men den salvede lever i mig, og det liv jeg lever nu, lever jeg i tro på Guds Søn, som har elsket mig og som blev overgivet i mit sted.

21: Jeg forkaster ikke Guds gave, for hvis vi bliver accepteret af Gud ved lov, så døde den salvede forgæves.

[1] δικαιοῦται, *dikaioutai*, passiv indikativ af verbet δικαιόω, *dikaioå,* der betyder at blive accepteret af Gud. Tidligere oversat med at blive retfærdig, men idiomet i verbet kan bedst gengives med at blive anerkendt med den rette holdning til Gud. Senere i verset og i næste vers kommer verbet igen i andre former, men oversættelse bliver den samme: accept af Gud.

² ἐξ ἔργων νόμου, *ex ergån vomou,* ved eller på grund af lovs gerninger, står der ordret, men det betyder ikke andet end at overholde loven.

³ ἁμαρτωλοί, *hamartåloi,* adjektiv i flertal, hankøn af ἁμαρτωλός, *hamartålos,* en der fejler over for Gud ved at begå fejltagelser, ἁμαρτία, *hamartia.* Traditionelt oversat med syndere og synd, men disse ord passer dårligt med de græske ord idiomer synes jeg, derfor oversætter jeg som jeg gør.

14. søndag efter trinitatis: Gal 5, [16-21] 22-25

[16: Lad mig forklare: lev livet i Ånden, så I ikke giver efter for kødets begær.

17: for kødet søger det, som er imod Ånden og Ånden det, der er imod kødet, for de er i konflikt med hinanden, for at forhindre jer i at gøre, det I vil.

18: men hvis I føres af Ånden, er I ikke under loven.

19: Det kødet udvirker [egentligt står der: kødets gerninger] er velkendt: Det er: utugt, urenhed, løsagtighed,

20: afgudsdyrkelse, trolddom, fjendskab, rivalisering, jalousi, vredesudbrud, egoisme, konflikter, fraktioner,

21: misundelse, fuldskab, orgier og andet som det. Som jeg tidligere har sagt og siger igen: De, som gør disse ting vil ikke arve Guds rige.]

22: Men det Ånden frembringer i os er: Kærlighed, glæde, fred, tålmodighed og hjælpsomhed, godhed og troskab

23: nænsomhed, selvbeherskelse. Ingen lov er imod disse ting.

24: De, (som lever) ved den salvede, Jesus, har korsfæstet kødet med dets lidelser og begær.

25: Hvis vi lever i Ånden, så lad os også følge Ånden.

15. søndag efter trinitatis: Gal 5, 25-6,8

25: Hvis vi lever i Ånden, så lad os også følge Ånden.

26: Lad os ikke være selvglade og provokere hinanden og være misundelige på hinanden.

6,1: Venner, hvis én bliver fanget af en fejltagelse, da skal I, som er åndelige, genoprette vedkommende på en mild og åndelige måde, og passe på, at du ikke selv bliver fristet.

2: Bær hinandens byrder, på den måde opfylder I den salvedes bestemmelser.

3: Og hvis én (af jer) mener at være noget, men ikke er det, så bedrager vedkommende sig selv.

4: Enhver må vurdere sine egne handlinger og vedkommende skal holde det for sig selv, hvis der noget at være stolt, og ikke sammenligne sig med andre [egentlig står der: med en anden]

5: for enhver skal påtage sig sit eget ansvar [ordret står der: bære sin egen cargo/vægt, men idiomet er her ansvar]

6: Den, der bliver undervist i (Guds) ord, skal dele alle goder med den, der underviser.

7: Bedrag ikke jer selv, Gud lader sig ikke snyde, for som enhver sår, skal vedkommende høste.

8: De, som sår deres eget selviske begær, skal af dette begær høste død og undergang. Den, som sår det Ånden vil, skal høste af Ånden, evigt liv.

16. søndag efter trinitatis: Ef 3,13-21

13: Så jeg beder jer om ikke at tabe modet på grund af mine lidelser for jer. Det er faktisk en ære for jer.

14: Derfor knæler jer for Faderen,

15: fra hvem al familie i himlen og på jorden har fået navn efter,

16: at han vil give jer af sin herligheds rigdoms kraft og styrke jer i det indre menneske ved sin Ånd,

17: så den salvede vil leve i jeres hjerter ved troen, og at I er rod- og grundfæstet i kærlighed(en),

18: for at I sammen med alle troende skal kunne forstå bredden, længden, højden og dybet,

19: og vil kende den salvedes kærlighed, som overgår al forståelse.

20: Han som formår at gøre langt mere end vi beder om eller tænker over, ved sin kunnen, som virker i os.

21: For Ham [Gud] tilhører æren i kirken/forsamlingen og i den salvede, Jesus, for al tid og i evighedernes evighed. Amen.

17. søndag efter trinitatis: Ef 4,1-6

1: Jeg, en fange i Herren, opfordrer jer til at leve, så det passer med den kaldelse, som I har fået [egentlig: som I er blevet kaldet til].

2: Vær på alle måder ydmyge og milde. Vær tålmodige og accepter hinanden med kærlighed.

3: Ved freden, som binder jer sammen[1], gør jeres allerbedste for at bevare Åndens enhed.

4: Der er en krop og en Ånd, på samme måde som I er blevet kaldet til et håb, jeres kaldelses håb.

5: Der er en Herre, en tro, en dåb,

6: en Gud, som er alles Fader og som er over alt, gennem alt og i alt.

[1] egentlig står der på græsk: ved fredens bånd, men det er efter min mening *ved freden som binder jer sammen,* at det oversættes bedst.

18. søndag efter trinitatis: 1 Kor 1,4-8

4: Jeg takker altid Gud for jer, på grund af at I er blevet givet Guds gave i den salvede, Jesus,

5: for gennem Ham er I blevet beriget i alt – dvs. i al tale og i al kunnen,

6: ligesom vidnesbyrdet om den salvede er blevet befæstet/verificeret i jer,

7: derfor mangler I ikke nogen gave, mens I ivrigt venter på tilsynekomsten af vor Herre Jesus, den salvede.

8: Han vil styrke jer indtil enden, så I ikke vil kunne anklages på vor Herre Jesu, den salvedes dag.

19. søndag efter trinitatis: Ef 4,22-28

22: I har afklædt[1] jer den tidligere opførelse/livsstil og det gamle menneske, som går til grunde, bedraget af sit eget begær [egentlig står der: bedragets begær],

23: og I fornys i ånd og sind,

24: og I har iklædt jer det nye menneske, som er skabt i overensstemmelse med Gud, i sandhed med Guds accept og hellighed.

25: Så afskaf løgnen: Tal sandt med hinanden, for vi er hinandens lemmer.

26: Blev vrede uden at gøre fejltagelser mod Gud. *Lad ikke solen gå ned over jeres vrede*[2] (Sal 4,4),

27: og giv ikke djævlen plads (til at arbejde).

28: Lad ikke tyven stjæle mere, men i stedet arbejde og gøre godt med sine hænder, så vedkommende har noget at dele med den, der er i nød/der har behov.

[1] ἀποθέσθαι, *apothesthai*, aorist infinitiv af ἀποτίθημι, *apothæmi*. Et verbum hvis idiom betyder at afklæde sig sit tøj eller sin opførelse/livsstil.

[2] παροργισμῷ, *parorgismå*, navneord i dativ, ental, hankøn af παροργισμός, *parorgismos,* som egentlig betyder *provokation* eller som her i sammenhængen *vrede.* Ordet findes kun her i NT og LXX, Septuaginta.

20. søndag efter trinitatis: Ef 5,15-21

15: Se nøje til, at I ikke lever som uforstandige, men som forstandige,

16: få det bedste ud af[1] tiden, for det er onde dag.

17: Så derfor: Vær ikke ufornuftige, men forstå det, Herren ønsker.

18: Bliv ikke fulde af vin, det fører til et vildt liv, men bliv fyldt op af Ånden,

19: så I for hinanden reciterer salmer, hymner og åndelige sange. Syng og spil for Herren i jeres hjerter.

20: Sig altid Gud, Fader, tak for alt i vor Herres Jesu, den salvedes, navn.

21: Underordne jer hinanden i respekt for Herren.

¹ ἐξαγοραζόμενοι, *exagorazomenoi,* particpium i flertal, handkøn af ἐξαγοράζω, *exagorazå,* der egentlig betyder *at købe,* men sammen med tiden: *at få det bedste ud af tiden.*

21. søndag efter trinitatis: Ef 6,10-17

10: Til sidst: Bliv styrket af Herren og hans mægtige kraft.

11: Iklæd jer Guds rustning og våben, så I er i stand til at modstå djævlens strategi,

12: for det er ikke en kamp mod en menneskelig modstander [egentlig: mod blod og kød] men mod herskere, mod myndigheder, mod mørket verdensherskere og mod onde åndelige himmelske kræfter.

13: Af den grund skal I tage Guds fulde rustning på og våben med jer, så I er i stand til at stå imod på denne onde dag og overkomme alt det og holde stand.

14: Stå fast og tag sandheden på som bælte og iklæd jer Guds accept som brystplade,

15: og tag budskabet om fred på som sko.

16: Tag derudover troen med som skjold, for med det kan I slukke alle den ondes brændende pile.

17: Tag frelsen på som hjelm og Åndens sværd, som er Guds ord.

Alle Helgens dag (1. søndag i november): **Åb 7,1-12 [13-17]**

1: Derefter så jeg fire engle, som stod i jordens fire hjørner og som holdt jordens fire vinde tilbage for at forhindre dem i at blæse over jorden, havet eller på noget træ.

2: Og jeg så en anden engel med den levende Guds segl stige op i øst [egentligt: fra solens opgang], og englen råbte med høj røst til de fire engle, som havde fået til opgave at skade jorden og havet:

3: "Skad ikke jorden, havet eller træerne, førend vi får sat segl/mærke på Guds slavers pande.

4: Og jeg hørte antallet på dem med segl/mærke, 144.000 med segl/mærke af Israels stammer.

5: 12.000 fra Judas stamme med segl/mærke. 12.000 fra Rubens stamme. 12.000 fra Gads stamme.

6: 12.000 fra Ashers stamme. 12.000 fra Naftalis stamme. 12.000 fra Manasses stamme.

7: 12.000 fra Simeons stamme. 12.000 fra Levis stamme. 12.000 fra Issakars stamme.
8: 12.000 fra Zebulons stamme. 12.000 fra Josefs stamme. 12.000 fra Benjamins stamme.

9: Efter dette så jeg, en mægtig skare, som ingen kunne tælle, en skare af enhver nation, stamme, folk og sprog, som stod foran tronen og foran lammet, klædt i hvide klæder og med palmegrene i hænderne,

10: og de råbte med høj røst: frelsen tilhører vor Gud, som sidder på tronen og lammet.

11: Alle englene stod rundt om tronen og de ældste og de fire væsener og de bøjede sig ned for tronen med deres ansigter (mod jorden) og tilbad Gud,

12: og sagde: Amen/det er sandt. Velsignelsen, herligheden, visdommen, taksigelsen, æren, kræften, styrken er vor Guds, i evighedernes evighed. Amen/det er sandt.

[13: En af de ældste spurgte mig: Hvem er de, som er klædt i hvide klæder og hvor kommer de fra?

14: Min Herre, du ved det, svarede jeg, og han sagde til mig: De er dem, som er kommet fra den store lidelse og som har vasket deres klæder og bleget (dem hvide) i lammets blod.

15: Derfor er de foran Guds trone, og de holder gudstjeneste for Ham, dag og nat i hans tempel, og Han, som sidder på tronen, vil leve i blandt[1] dem.

16: De vil aldrig sulte eller tørste. Ej heller vil solen eller en anden brændende hede slå dem ud.

17: For lammet, som står midt for tronen, vil være deres hyrde, og lede dem til livets vandrige kilder og Gud vil tørre alle deres tårer af deres øjne.*]*

[1] σκηνώσει, *skænåsei,* verbum i fremtid indikativ ental 3. person af σκηνόω, *skænoå,* som betyder *slå sit telt op blandt-* dvs. leve blandt.

22. søndag efter trinitatis: Fil 1,6-11

6: Jeg er overbevist om, at Han, som har begyndt et godt arbejde i jer, vil fuldføre det indtil den salvedes, Jesu dag.

7: Det er rigtigt af mig at tænke således om jer alle, for jeg har jer i mit hjerte, både når jeg er i fængsel eller forsvarer og bekræfter evangeliet, så er I alle partnere med mig i (Guds) nåde/gave.

8: For Gud er mit vidne, at jeg med hele den salvedes, Jesu medfølelse/kærlighed[1] længes efter jer alle,

9: og min bøn er, at jeres kærlighed vil blive ved med at vokse i fuld forståelse og indsigt,

10: så I kan afgøre, hvad der er væsentligt, og være rene og pletfrie på den salvedes dag,

11: og fyldt af de frugter, som Guds accept (af jer) frembringer ved den salvede, Gud til ære og lovprisning.

[1] σπλάγχνοις, *splagxnois,* navneord i dativ flertal af σπλάγχνον, *splagxnon,* et ord, der betyder *indvolde eller tarme,* og bruges som sædet for følelserne. Vi bruger normalt her *hjertet* eller på nudansk *mavefornemmelse.* Men her oversætter jeg det dog med *medfølelse/kærlighed.*

23. søndag efter trinitatis: Rom 13,1-7

1: Enhver person[1] skal adlyde/respektere den myndighed, som vedkommende har over sig, for der er ingen myndighed, som ikke er af Gud og de som er, er indsat af Gud.

2: Så den, der modsætter sig myndigheden, gør oprør mod Guds arrangement og de vil bringe dom/straf over dem selv.

3: For lederne er ikke at frygte af dem, der gør det rigtige, men af dem, der gør det forkerte. Vil du (leve) uden at frygte myndigheden, så gør det rigtige, og du vil få anerkendelse af den [myndigheden].

4: For (myndigheden) er Guds tjener til bedste for dig. Men hvis du gør det forkerte, så skal du frygte, for (myndigheden) bærer ikke sværdet forgæves [dvs. har magt og ret til at dræbe]. Guds tjener er den[myndigheden] – en, som straffer dem, der gør det forkerte.

5: Derfor er det en nødvendighed at adlyde, ikke blot på grund af vreden, men også på grund af samvittigheden.

6: Derfor skal I betale skat, for de [myndighedspersonerne] er Guds tjenere, mens de gør det, Han har givet dem at gøre.

7: Så betal enhver, hvad I skylder: skat til dem, I skylder skat, told til dem, I skylder told, frygt til dem I skylder frygt og ære til dem I skylder ære.

[1] Πᾶσα ψυχή, *pasa psyxæ,* betyder egentlig *enhver sjæl.* Det et almindelig udtryk på hebraiske for enhver person. På græsk er det mest brugte πᾶς ἄνθρωπος, *pas anthpåpos:* ethvert menneske.

24. søndag efter trinitatis: Kol 1,9b-14

9b: Vi beder (Gud) om, at I må blive fyldt med viden om Guds vilje med al åndelig visdom og indsigt,

10: så I kan leve, som det passer Herren og i alt behage Ham og producere alle gode gerningers frugter og vokse i viden om Gud.

11: Hans herligheds magt skal styrke jer og give jer at være udholdende og tålmodige i alt. Med glæde!

12: I vil takke Faderen, som har gjort jer i stand at få del i den arv, som de troende har i lyset.

13: Han [Gud] har reddet os ud af mørkets magt og sat os ind i sin elskede søns rige,

14: og i Ham er vi købt frie og har fået tilgivelse for fejltagelserne mod Gud.

25. søndag efter trinitatis: 1 Thess 4,13-18

13: Venner vi vil, at I ikke skal være uvidende, om de som er døde[1], så I sørger på samme måde, som de, der ikke har noget håb.

14: For vi tror, at Jesus er død[2] og er kommet[2] tilbage til livet. (Vi tror) også at Gud på samme måde vil bringe de, som er døde i troen på den salvede [egentligt: som er døde i den salvede] tilbage til livet.

15: Dette fortæller vi med et ord af Herren, at vi, som fortsat er levende, når Herren kommer igen [egentligt: ved Herrens genkomst] ikke går forud for de døde.

16: Herren vil komme fra himlen ved en højlydt kommando, en ærkeengels røst og ved Guds trompet, og de døde, der troede på den salvede [egentligt: de døde i den salvede] vil komme tilbage til livet først.

17: Da, vil vi, der er i live, sammen med dem, blive taget op i skyerne for at møde Herren i luften, og på den måde skal vi altid være sammen med Herren.

18: Så trøst hinanden med disse ord!

[1] κοιμωμένων, *koimomenån*, præsens, passiv, participium, flertal i hankøn, af κοιμάω, *koimaå*, *at falde i søvn*. De, som er sovende og bliver ved med det. Præsens udtrykker det vedvarende, så her betyder det *at dø*. Ordet går igen i andre former i versene: 14 og 15 med samme betydning.

[2] Begge verber er i aorist, aktiv indikativ for at understreget, at han døde en gang og blev bragt tilbage til livet en gang.

26. søndag efter trinitatis: Samme som 5. søndag efter helligtrekonger: Kol 3,12 – 17

12: Som hellige, udvalgte og elsket af Gud, skal I tilsvarende være[1]: medfølende, gode, ydmyge, venlige og tålmodige.

13: Vær venlig mod hinanden og tilgiv hinanden, hvis en har noget at klage over hos den anden. Tilgiv, ligesom Herren har tilgivet jer.

14: Over alt dette er kærligheden. Den er det bånd, som fuldkommen binder alt sammen,

15: og lad den salvedes fred, som I er kaldet ind i som én krop, styre jeres hjerter - og vær taknemmelige.

16: Lad den salvedes ord med al dets rige visdom leve i jer, og brug salmer, hymner og åndelige sange til at undervise og instruere hinanden - og syng til Gud i jeres hjerter.

17: Alt, hvad I siger og gør, skal ske i Herrens navn og I skal takke Gud, Fader, ved Ham.

[1] Ἐνδύσασθε, *endusasthe,* aorist imperativ 2. person af ἐνδύω, *enduo,* som betyder at tage tøj på. I sammenhængen betyder det *at være et nyt menneske.* Derfor oversætter jeg, som jeg gør.

Sidste søndag i kirkeåret: 2 Thess 2,13-17

13: Vi har altid grund til at takke Gud for jer, venner, som er elsket af Herren, da Gud har udvalgt jer, som de første til at blive frelst ved åndelig fromhed og tro på sandheden.

14: Det er det, (Gud) har kaldet jer til ved det gode budskab, vi kom med, [egentligt: vort gode budskab] så I kan opnå vor Herre, Jesu, den salvedes herlighed.

15: Stå altså fast, venner og hold fast i de traditioner, som vi har lært jer enten mundtligt eller i vort brev.

16: Må, vor Herre Jesus, den salvede, og Gud, vor fader, som har elsket og givet os evig opmuntring og et godt håb som gave,

17: opmuntre jer og styrke jer til gode ord og handlinger.

Litteratur, som jeg har læst eller brugt som opslagsværker under udarbejdelsen af mine oversættelser:

NA28 Nestle-Aland: Novum Testamentum Graece. Edited by Barbara and Kurt Aland, Johannes Karavidopoulos, Carlo M. Mantini, Bruce M. Metzeger. Deutsche Bibelgesellschaft. Digital formidlet af Olive Tree.

How to Choose A translation - For All Its Worth. By Gordon D. Fee, Mark L. Strauss. Zondervan. Digitalt formidlet af Olive Tree.

The Elements of New Testament Greek. By Jeremy Duff. Cambridge University Press. Cambridge 2005. Papirudgave.

Greek for the Rest of Us. Second Edition by William D. Mounce. Zondervan. Digitalt formidlet af Olive Tree.

Greek Grammar – Beyond the Basic. By Daniel B. Wallace. Zondervan. Digitalt formidlet af Olive Tree.

LXX (Septuaginta) **With Kraft/Taylor/Wheeler Morphology and LEH Lexicon.** German Bible Society. Digitalt formidlet af Olive Tree.

BHS (Biblia Hebrica Stuttgartensia) **With Westminster Morphology and BDB Lexicon.** Scribe Inc. Digitalt formidlet af Olive Tree.

Latin Vulgate. Public Domain. Digitalt formidlet af Olive Tree.

Die Theologie der einen Bibel. 2 vol. Brevard S. Childs. Herder 1994. På engelsk: Biblical Theology of the Old and New Testament, Theological Reflexion on the Christian Bible. SCM Press, London 1992. Papirudgave.

Baker Illustrated Bible Dictionary. By Tremper Longman III. Baker. Digitalt formidlet af Olive Tree.

Easton´s Bible Dictionary. By M.G.Easton. Olive Tree. Digitalt formidlet af Olive Tree.

Mounce´s Complete Expository Dictionary of Old and New Testament Words. By William D. Mounce. Zondervan. Digitalt formidlet af Olive Tree.

New Bible Dictionary. By I. Howard Marshall, A.R. Millard, J.I. Packer, D.J. Wiseman. Intervarsity Press. UK. Digitalt formidlet af Olive Tree.

Olive Tree Enhanced Strong´s Dictionary. Olive Tree. Digitalt formidlet af Olive Tree.

Pocket Dictionary for the Study of New Testament Greek. By Matthew Demos. Intervarsity Press. UK. Digitalt formidlet af Olive Tree.

Theological Dictionary of the New Testament. Abridged – Little Kittel. By Geoffrey W. Bromiley. Eerdmans Publishing Company. Digitalt formidlet af Olive Tree.

Vine´s Complete Expository Dictionary of Old and New Testament Words. By W.E. Vine. Thomas Nelson. Digitalt formidlet af Olive Tree.**Catholic Study Bible Notes.** By John J. Collins, Donald Senior. Oxford University Press. Digitalt formidlet af Olive Tree.

Complete Word Study Bible. By Warren Baker, Eugene E. Carpenter, Spiros Zodhiates. AMG. Digitalt formidlet af Olive Tree.

ESV – Study Bible. Crossway. Digitalt formidlet af Olive Tree.

Harper Collins Study Bibles Notes. Harper Collin. Digitalt formidlet af Olive Tree.

Lutheran Study Bible Notes. Augsburg Fortress Publisher. Digitalt formidlet af Olive Tree.

New Interpreter´s Study Bible Notes. By Walter J. Harrelson. Abingdon. Digitalt formidlet af Olive Tree.

New Scofield Study Bible Notes. By Cyres Scofield. Oxford University Press. Digitalt formidlet af Olive Tree.

Orthodox Study Bible: Ancient Christanity Speeks to Today´s World. Thomas Nelson. Digitalt formidlet af Olive Tree.

Reformation Heritage KJV Study Bible Notes. By Joel R. Beeke (ed.). Reformation Heritage Books. Digitalt formidlet af Olive Tree.

The Reformation Study Bible. By R.C. Sproul. Ligonier Ministries. Digitalt formidlet af Olive Tree.

Study Notes form Stuttgarter Erklärungsbibel. German Bible Society. Digitalt formidlet af Olive Tree.

The Message Study Bible Notes. By Eugene Peterson. NavPress. Digitalt formidlet af Olive Tree.

Wesley Study Bible. Abingdon. Digitalt formidlet af Olive Tree.

Robertson´s Word Pictures. By A.T. Robertson. Olive Tree. Digitalt formidlet af Olive Tree.

Vincent´s Word Studies. Olive Tree. Digitalt formidlet af Olive Tree.

Vine´s New Testament Word Pictures (vol 2). By F.F. Bruce, W.E. Vine. Thomas Nelson. Digitalt formidlet af Olive Tree.

IVP Bible Background Commentary: New Testament, 1st. Edition. By Craig Keener. InterVasity Press. Digitalt formidlet af Olive Tree.

Calvin´s Commentaries (22 vol.) By John Cavin. Olive Tree. Digitalt formidlet af Olive Tree.

Ud over de titler, der er medtaget i boglisten, herovenover, har jeg læst og har kendskab til en masse oversættelser af NT, idet jeg i adskillige år har haft og stadigvæk har den vane at læse en ny oversættelse af NT hvert eneste år.

Det har været danske, svenske, norske, engelske, amerikanske, tyske, enkelte på fransk og en enkel på spansk.

Det har givet mig en spændende diversitet i mulighederne for at oversætte de samme græske ord.

Det er blevet til mere end 40 oversættelse i alt. Det vil dog føre for vidt at nævne dem alle her.

Lige ledes har jeg læst adskillige kommentarer siden jeg i 1971 begyndte at læse teologi på Københavns Universitet og det er jeg fortsat med i alle årene siden. At nævne dem falder udenfor rammerne af denne lille bog.

Oversætter:

Jørn Balle Larsen

Solsortevej 7, 2630 Taastrup,

E-Mail: j@ballelarsen.dk.

Mobil: 29711951

Bogen er udkommet både som bog og e-bog på BoD.

Books on Demand.

© 2020 – Jørn Balle Larsen
Forlag: Books on Demand – Hellerup, Danmark
Fremstilling: Books on Demand – Norderstedt, Tyskland
ISBN 978-87-4302-851-2